AF563787

Du 8. avril 1718.

REGLEMENT
FAIT PAR LE ROY.

Pour l'ordre & la discipline qu'il veut estre observez par ses Troupes, tant Françoises qu'Estrangeres, lorsqu'elles marcheront en Route dans le Royaume, ou qu'elles seront dans leurs Garnisons.

Du 8. Avril 1718.

SA MAJESTÉ estimant convenable au bien de son Service de supprimer les Etapes, aprés avoir mis ses Troupes en estat de vivre soit en Route ou en Garnison au moyen de leur Solde, Et jugeant necessaire, pour maintenir de plus en plus l'ordre & la discipline qu'elles doivent garder lorsqu'elles auront à marcher dans les Provinces du Royaume, de renouveller les dispositions establies à ce sujet par son Reglement du 4. Juillet 1716. SA MAJESTÉ, de l'avis de Monsieur le Duc d'Orleans Regent, a Ordonné & ordonne ce qui suit.

ARTICLE PREMIER.

QUE lorſqu'une Troupe, ſoit de Gendarmerie, Cavalerie, Dragons ou d'Infanterie, partira de ſa Garniſon ou des lieux où elle aura logé ſur ſa Route, il en ſera detaché aprés le Bouteſelle ou la Generale un Officier Major avec un Mareſchal des Logis & un Cavalier par Compagnie de Cavalerie, Et dans l'Infanterie un Officier-Major avec un Capitaine, un Lieutenant & deux Sergens par Bataillon avec un Fourrier par Compagnie, leſquels ſe mettront en marche, & porteront avec eux la Route de Sa Majeſté, pour aller à l'avance faire preparer le Logement, ou marquer le campement.

II.

LA veille du départ d'une Troupe, les Soldats éclopez ſeront avertis à l'ordre de ſe trouver de bonne heure au rendez-vous qui leur ſera marqué, pour marcher d'avance ſous la conduite d'un Officier & d'un Sergent qui les meneront doucement juſqu'au lieu où la Troupe devra loger, caſerner ou camper, Et l'Officier à leur arrivée en rendra compte au Commandant de ladite Troupe.

III.

IL ſera detaché un Soldat par Compagnie d'Infanterie, avec un Officier & un Sergent, Et dans la Cavalerie un Cavalier par Compagnie avec un Mareſchal des Logis, pour marcher avec les Bagages & empeſcher qu'il ne ſoit fait aucun deſordre; leur deffendant Sa Majeſté de les quitter qu'aprés qu'ils ſeront arrivez au quartier, ſur peine à eux de repondre deſdits deſordres.

IV.

LES Cavaliers & Dragons qui ſe trouveront à pied, marcheront enſemble ſous le Commandement d'un Officier, à la queüe du Regiment ou de la Troupe.

V.

IL ſera laiſſé dans le lieu où la Troupe aura couché un Cavalier par Compagnie avec un Officier, Et dans l'Infanterie

(Du 8. avril 1718.

l'Infanterie deux hommes par Compagnie avec un Capitaine & un Lieutenant, qui seront les mêmes qui seront venus la veille au Logement avec l'Officier-Major, lesquels y demeureront une heure aprés que la Troupe en sera partie pour faire marcher les traineurs, Et si durant ce temps il y avoit des Soldats ou Cavaliers restez dans les maisons ou Cabarets, les Hostes seront tenus d'en avertir l'Officier sur peine de vingt livres d'amende.

VI.

L'HEURE passée, ce détachement se mettra en marche laissant toûjours la Troupe une lieüe devant luy, en faisant des haltes de temps en temps, & rassemblant les traineurs que l'Officier Commandant le detachement fera monter sur un chariot qu'il aura à la suite, en cas qu'ils soient malades & hors d'estat de marcher.

VII.

LORSQUE l'Infanterie qui aura esté rangée en Bataille se mettra en marche, elle défilera par Compagnie, le Capitaine en pied & le Capitaine en second à la teste; le Lieutenant en pied & le Lieutenant en second à la queüe & les Sergens sur les ailes, afin qu'ils puissent plus facilement contenir les Soldats de leurs Compagnies, & empescher que ceux qu'ils connoissent libertins ne s'en écartent.

VIII.

LE Commandant de chaque Bataillon verra défiler lesdites Compagnies, les comptera & se fera donner un estat du nombre d'hommes dont elles seront composées, Et de temps en temps il s'arrestera sur la Route pour les voir marcher & les compter; Et lorsqu'il se trouvera y manquer quelques Soldats, il en demandera la raison sur le champ à l'Officier qui commandera la Compagnie.

IX.

S'IL arrivoit que tous les Officiers d'une Compagnie fussent absens, VEUT Sa Majesté que le Commandant y commette un Officier d'une autre Compagnie.

X.

QUAND un Soldat pendant la marche sera obligé de quitter la Compagnie pour quelque besoin, il en demandera permission à son Officier, & laissera le Fusil au Bataillon.

XI.

LES Officiers qui seront chargez de la conduite des Troupes, les meneront doucement pour ne pas laisser de Soldats en arriere, & ils se regleront pour leur depart du quartier, sur la longueur de la marche, sur celle du jour, & sur le temps qu'il fera pour arriver toûjours avant la nuit s'il est possible.

XII.

SI dans la marche on s'apperçoit que quelque Soldat se soit jetté à quartier pour prendre ou pour faire quelque desordre, l'on fera courir des Officiers aprés luy, Et lorsque l'on traversera quelques Villes ou Villages, il restera toujours quelques Officiers à la queüe de la Troupe pour la faire serrer.

XIII.

L'OFFICIER-MAJOR porteur de la Route de Sa Majesté, en arrivant dans une Ville où il n'y aura pas d'Estat-Major, ira chez le Maire ou Chef de la Maison de Ville pour qu'il fasse faire le Logement, Et si c'est dans une Place de Guerre il ira auparavant chez le Gouverneur ou Commandant.

XIV.

COMME les Bataillons François sont aujourd'huy de neuf Compagnies, dont huit chacune de soixante-neuf hommes compris les deux Sergens, & celle de Grenadiers de cinquante, les Echevins feront les Billets pour chaque Compagnie de proche en proche, ensorte que les Soldats d'une Compagnie soient contigus les uns aux autres, Et si les Compagnies n'estoient pas complettes, ils diminüeront sur lesdits nombres ce qui en manquera, sans y mesler des Soldats d'une autre Compagnie pour remplir les Billets vacans, sauf à y avoir égard une autrefois pour l'habitant qui n'aura pas fourni de Logement, chaque Sergent devant estre regardé comme deux Soldats pour le Logement.

XV.

Ce qui est cy-dessus marqué pour l'Infanterie Françoise, se fera pareillement pour les Compagnies des Regimens d'Infanterie Estrangere ou autres, toujours par Compagnie, & de mesme dans la Cavalerie & les Dragons.

XVI.

Les Soldats seront logez au moins deux ensemble, Et comme les chambrées sont de six, on pourra faire chaque Billet de six Soldats, où seront les noms des Hostes, y marquant celuy chez qui l'ordinaire se fera; Et pour les Cavaliers dont les chambrées sont aussi de six, l'on observera la mesme chose, & de loger toujours le Mareschal des Logis dans le quartier de la mesme Compagnie.

XVII.

Les Officiers seront placez, autant qu'il se pourra, dans les quartiers de leurs Compagnies, sans qu'ils puissent s'en dispenser sous pretexte de la mauvaise qualité des Logemens, afin qu'ils soient à portée d'y mettre l'ordre, Et s'il y avoit des Fauxbourgs ou Maisons éloignées, on aura attention à y mettre toûjours des Compagnies entieres avec leurs Officiers.

XVIII.

Lorsque les Billets seront faits, l'Officier-Major remettra les Billets des Capitaines au Capitaine détaché pour le Logement, ceux des Lieutenans au Lieutenant, & ceux pour les Soldats au Fourrier de chaque Compagnie.

XIX.

Le Capitaine qui aura esté faire le Logement, distribuëra aux Capitaines les Billets pour leur logement, ou à leurs valets, & il mettra sur le dos desdits Billets le nom du Capitaine, Et le Lieutenant fera la mesme chose pour les Billets de Lieutenant, & chacun en gardera un Controlle.

XX.

QUAND le Regiment ſera arrivé à l'entrée du quartier, ceux qui ſeront venus faire le logement iront rendre compte au Commandant de la maniere dont ils s'en ſeront acquittez, les Fourriers remettront à leurs Capitaines ou Lieutenans les Billets pour les Soldats, Et les Lieutenans & les Sergens de chaque Compagnie en diſtribuant leſdits Billets mettront au dos le nom du Capitaine de la Compagnie dont ſeront les Soldats, & les noms deſdits Soldats, de laquelle diſtribution ils garderont un Controlle, afin que s'il y a des plaintes, l'hoſte, les Eſchevins ou les Officiers ſçachent ſur qui elles doivent tomber, & que l'on trouve les Soldats accuſez ſans aucune difficulté.

XXI.

LES Compagnies défilant pour aller prendre leurs logemens, le Commandant les verra paſſer, Et s'il y a des Soldats derriere & que ce ſoit par leur faute, il ordonnera du châtiment qui en ſera fait.

XXII.

DANS les lieux où les Troupes logeront, il y aura toujours un Corps de Garde compoſé de deux hommes par Compagnie, d'un Officier & deux Sergens, pour recevoir les plaintes des habitans & porter l'ordre où il ſera neceſſaire; Et en cas de deſordre de la part des Soldats, Cavaliers ou Dragons qui ſe trouveront logez dans les meſmes lieux, Veût Sa Majeſté que ledit Officier les faſſe conduire en priſon ou audit Corps de Garde.

XXIII.

CHAQUE Compagnie entrant dans le lieu où elle devra loger, ira au logis de ſon Capitaine ou de celuy qui commandera la Compagnie, pour y laiſſer ſes Fuſils juſques au lendemain qu'elle retournera audit Logis pour les y reprendre.

XXIV.

LE Logement ſe trouvant eſtabli, un Officier par Compagnie,

Compagnie ira visiter les chambrées & voir s'il n'y manque personne, & s'il n'y a point de desordre, les Sergens feront la mesme chose, Et s'il se trouve que quelques Soldats découchent, ils en avertiront l'Officier de la Compagnie & outre cela le Major du Regiment, ausquels ils donneront les noms desdits Soldats.

XXV.

Si dans les lieux de passage destinez pour le logement des Troupes il se trouve deux quartiers, suivant le nombre de Compagnies qui devront loger au second quartier, le Capitaine qui commandera le Bataillon envoyera le Capitaine plus ancien aprés luy pour commander ce quartier avec le nombre de Compagnies ordonné & leurs Officiers, qui tiendront soigneusement la main à ce qu'elles vivent dans une exacte discipline.

XXVI.

Lorsque les lieux destinez pour loger les Troupes seront trop petits, & ne pourront pas fournir des Lits pour tous les Cavaliers & Soldats, ceux qui ne pourront pas en avoir seront mis dans des lieux où on leur donnera le couvert, de la paille & du bois.

XXVII.

Si l'Hoste n'avoit qu'un Lit, le Gendarme, Cavalier ou Soldat ne le luy osteront pas, l'Officier mesme ne le prendra point; mais si par mauvaise volonté, l'Hoste ayant la commodité de donner un Lit ne le faisoit, les Echevins l'y obligeront.

XXVIII.

Durant la nuit, la Garde qui aura esté mise sur la Place ou à la maison de Ville, fera faire plusieurs patroüilles, il y aura toûjours au Corps de Garde quelque valet de Ville, & dans les Villages quelque habitant pour aller avec la Garde faire la patroüille, & les conduire au lieu où il y auroit du desordre.

XXIX.

Lorsque le desordre aura esté commis par quelque

habitant du lieu, la patroüille conduite par le valet de Ville menera le coupable chez le Maire, pour en estre ordonné ce qui conviendra, Et si c'est par des Soldats, Cavaliers ou Dragons, elle les conduira au Corps de Garde, & repondra des mauvais traitemens qui pourroient estre faits au valet de Ville ou habitant estant avec ladite patroüille.

XXX.

Il sera fourni à chaque Bataillon, lorsqu'il partira d'un lieu pour aller dans un autre, trois Chariots ou Charettes attelées chacune de quatre chevaux, pour porter les malades & Bagages, Et un Chariot à chaque Escadron conformement audit Reglement du 4. Juillet 1716. Et il sera fourni de plus un Chariot d'augmentation par Bataillon, & un pour deux ou trois Escadrons pour le transport des Tentes.

XXXI.

Comme tous les lieux de passage ne sont pas également en estat de fournir le nombre de voitures qui pourroit estre necessaire, les Intendans feront dresser un Controlle des Villages voisins desdits lieux de passage qui devront y contribuer, Et du nombre de Chevaux, Charettes ou Chariots que chacun desdits Villages devra fournir, lequel Controlle sera remis entre les mains des Echevins des lieux pour s'y conformer, & faire faire ladite fourniture de maniere qu'un Village n'y contribue pas deux fois, avant que les autres y ayent contribué une fois chacun.

XXXII.

Aussitost que les Echevins de chaque lieu de passage seront avertis du nombre de Troupes qui devront y arriver, ils en donneront avis aux Villages dont le tour sera de fournir des Chariots, lesquels se rendront audit lieu de passage, l'Esté entre les quatre & cinq heures du matin, & l'Hyver à six heures pour charger les malades ou le Bagage; Et en cas que les Villages qui auront à les fournir ne les envoyaſſent pas aſſez à temps pour partir avec les Troupes, Veut Sa Majeſté que ledit lieu de paſſage ou le plus voiſin en fourniſſe à leur place, Et que le Village qui aura manqué à les envoyer, ſoit tenu de payer par forme de dedommagement la ſomme de huit livres par Chariot à ceux qui auront fourni à ſa place, Et ce outre le payement qu'ils auront reçû des Troupes.

XXXIII.

LESDITS Chariots & Charettes ſeront payées par les Troupes à raiſon de vingt ſols par cheval, & ne pourront eſtre chargez, ſçavoir les Voitures à quatre chevaux que juſqu'à quinze cens livres peſant, Et celles à trois chevaux que juſqu'à onze cens livres, y compris les hommes & le bagage. VEUT Sa Majeſté que ſi elles eſtoient chargées d'un plus grand poids, & que les chevaux par cette ſurcharge vinſſent à perir en route, leſdites Troupes ſoient obligées d'en payer la valeur, leur Deffendant Sa Majeſté de maltraiter les Charetiers ni leurs Chevaux à peine de repondre du dommage.

XXXIV.

LE prix deſdites voitures ſera payé aux Chartiers, avant de partir de la place où elles ſe ſeront rendües pour aller charger les malades & les bagages.

XXXV.

DANS les lieux du Royaume où les Voitures ſont plus petites que les Charettes & Chariots dont on ſe ſert communement dans les Provinces, les Intendans auront attention à regler le nombre deſdites Voitures qui devra eſtre fourni pour équivalant de celuy qui eſt cy-devant ordonné, Et ils enverront aux Magiſtrats deſdits lieux une Copie de leur Reglement, afin de prevenir les diſcuſſions qui pourroient arriver à ce ſujet.

XXXVI.

LES Chartiers ne pourront eſtre obligez à ſervir plus d'un jour, ni à paſſer au de-là du lieu où la Troupe à la ſuite de laquelle ils ſeront devra coucher ſuivant ſa Route; Si cependant faute de nouveaux Chariots audit lieu; les Echevins faisoient marcher une seconde journée ceux qui auroient esté fournis par le lieu precedent, les Officiers payeront à l'ordinaire pour ladite seconde journée le mesme prix de vingt sols par cheval, mais les Villages qui auroient dû fournir lesdits nouveaux Chariots, seront tenus de payer en outre ausdits Chartiers la somme de seize livres pour chaque Chariot ou Charette à quatre chevaux, de laquelle somme l'avance sera faite par lesdits Echevins, qui en seront remboursez par les ordres de l'Intendant.

XXXVII.

Si les Troupes n'avoient pas besoin de la quantité de voitures cy-dessus specifiée, elles pourront en ce cas les renvoyer, sans que ceux à qui elles appartiendront puissent rien exiger pour leur payement; Mais ils seront reputez avoir rempli le service suivant l'ordre du Controlle, comme si lesdites voitures avoient effectivement servi.

XXXVIII.

S'il arrivoit au contraire que les Troupes eussent besoin d'un plus grand nombre de voitures que celuy marqué cy-dessus, ou mesme de chevaux de Selle, les Officiers s'en pourvoiront ainsi qu'ils le jugeront à propos, en convenant du prix du loüage de gré à gré avec ceux qui voudront leur en fournir.

XXXIX.

Deffend Sa Majesté à tous Soldats, Cavaliers ou Dragons de marcher devant ou derriere leur Troupe, mesme en suivant le grand chemin, sans un Congé en la forme prescrite, à peine de châtiment militaire.

XL.

Deffend aussi Sa Majesté sur peine des Galeres ausdits Soldats, Cavaliers ou Dragons, de rester dans le lieu où la Troupe aura couché, une heure aprés que l'arrieregarde en sera sortie.

XLI.

Du 8. Avril 1718.

XLI.

TOUT le dommage que les Troupes auront fait où elles auront logé & sur leur marche, sera payé par les Officiers desdites Troupes, sur les plaintes qui leur en seront faites & sur les preuves qui en seront fournies; Voulant Sa Majesté que si les habitans qui auront porté lesdites plaintes, ne conviennent pas avec lesdits Officiers sur la somme à laquelle ledit dommage pourra monter, les Maires & Echevins du lieu s'entremettent pour les faire contenter de ce qui sera juste.

XLII.

SI les Officiers refusoient de satisfaire ceux qui leur auront porté de justes plaintes, en ce cas les plaignans feront dresser un Procés verbal pardevant le Juge des lieux, de la perte qu'ils auront faite ou de la violence qu'ils auront soufferte, duquel Procés verbal une expedition sera envoyée au Conseil de la Guerre, & une autre à l'Intendant, lequel envoyera son avis audit Conseil sur le contenu dudit Procés verbal, pour y estre ordonné ce qu'il conviendra.

XLIII.

CEUX qui commanderont les Troupes dans les Routes, rendront compte toutes les semaines au Conseil de la Guerre de la maniere dont elles auront vescu le long du chemin, Et s'il arrive que des Cavaliers, Dragons ou Soldats ayent fait du desordre, ils marqueront la justice qu'ils en auront faite; Si pareillement les Soldats desertent ou quittent le Regiment pour aller piller, ils auront soin d'en donner avis au Conseil de la Guerre & aux Mareschaussées des lieux où ils passeront, pour qu'elles courent aprés; Ils marqueront dans les mesmes lettres les noms de quatre ou cinq Capitaines de la teste presens ou absens.

XLIV.

DEFFEND Sa Majesté aux Cavaliers, Dragons & Soldats sur peine de la vie, de rançonner les gens de la campagne, ſoit dans leurs maiſons, ou allant & venant, de prendre leurs Beſtiaux & Chevaux, ſoit à la Charüe, dans les Villages ou ſur les chemins, d'enfoncer les portes, eſcalader les murs pour entrer dans les maiſons, & de prendre aucune choſe que ce puiſſe eſtre.

XLV.

TOUS Soldats, Cavaliers ou Dragons qui ſeront pris à deux lieuës de l'endroit où la Troupe aura couché, ou à deux lieuës du grand chemin qu'elle aura tenu ce jour là, ſans Congé expedié en la forme preſcrite, ſeront punis de mort comme Deſerteurs, Et ceux qui paſſeront dans les Villages à portée de la marche faiſant du deſordre, ſeront mis au Conſeil de Guerre, & ſelon le dommage ou violence qu'ils auront fait, ils ſeront jugez ſuivant les differens cas portez par le preſent Reglement.

XLVI.

DEFFEND Sa Majeſté aux Cavaliers, Dragons & Soldats d'entrer dans les Vignes & Jardinages le long du grand chemin ou ailleurs, d'y prendre des fruits, legumes ni raiſins, ſur peine de chaſtiment militaire, & d'eſtre mis en priſon tous les ſoirs & marcher attachez à la teſte de la Troupe; Voulant Sa Majeſté que lorſque dans le voiſinage de la marche, du logement ou campement de ſes Troupes, il ſe trouvera des Vignes ou Jardinages trop expoſez au pillage, les Officiers Commandans y faſſent mettre des Corps de Garde & Sentinelles, ſi beſoin eſt, pour les en garentir.

XLVII.

LEUR Deffend pareillement Sa Majeſté ſur peine de chaſtiment militaire, de tirer ſur les Pigeons lorſqu'ils en trouveront dans les champs, & d'y prendre des Poules, Et ſur peine de Galeres de tirer ſur les Pigeons lorſqu'ils ſeront ſur les colombiers ou ſur les maiſons.

XLVIII.

FAIT Sa Majeſté tres expreſſes deffenſes à ſes Troupes de marcher dans les Grains, Vignes, Prez ou autres endroits

Du 8. avril 1718.

où elles peuvent faire dommage, ni d'y faire paistre des chevaux, sur peine d'indemniser les Proprietaires de la perte qu'elles auront causée.

XLIX.

FAIT Sa Majesté pareilles deffenses aux Officiers desdites Troupes, soit dans les Routes ou dans leurs Garnisons de chasser dans les grains, sur peine de payer le dommage & d'estre mis en prison suivant ce qui resultera des Procés verbaux qui en seront faits; Comme aussi de chasser sur les Terres des Gentilshommes qui sont conservées ni dans les Garennes; Voulant Sa Majesté, que, si faisant Route, ils sont avertis par les Gardes-chasses de ne pas chasser sur la Terre du maistre à qui elle appartient, ils soient obligez de se retirer sur peine de prison, & d'une amende appliquable à l'Hôpital du lieu ou du plus voisin.

L.

DEFFEND aussi tres expressement Sa Majesté à tous Officiers, Gendarmes, Cavaliers, Dragons & Soldats de se charger de Sel ni d'aucunes Marchandises de contrebande, sur peine aux Officiers de confiscation desdites Marchandises & Chevaux, & aux Cavaliers, Dragons & Soldats outre la confiscation de subir les peines portées par les Ordonnances de Sa Majesté.

LI.

LORSQU'UNE Troupe passera dans les lieux où il y a des Garde-Sel ou de Doüanne, ou autres Commis des Fermes de Sa Majesté, l'Officier qui la commandera, sur la requisition qui luy sera faite par lesdits Gardes des Gabelles ou autres de la laisser visiter, aura attention de faire défiler ladite Troupe devant eux aussi-bien que les Bagages, afin qu'ils puissent faire leur visite avec plus de facilité, Et ledit Officier Comandant ou le Major se tiendront auprés desdits Gardes ou Commis, pour qu'ils fassent leur charge sans aucune crainte, Declarant Sa Majesté que s'il y avoit des plaintes à l'occasion de ladite visite,

Elle en rendra ledit Commandant responsable.

LII.

LORSQUE quelques Cavaliers, Dragons & Soldats, dans la crainte de ne pouvoir passer leur contrebande avec la Troupe, s'écarteront à droit ou à gauche de la marche pour aller chercher d'autres passages, s'ils sont pris à deux lieuës de la Troupe, ils seront traitez comme deserteurs & punis de mort, de mesme que s'ils avoient deserté effectivement, Et s'ils sont pris plus prés de deux lieuës de la Troupe, ils tireront au Billet pour qu'un d'eux aille aux Galeres, & les autres seront châtiez militairement.

LIII.

SA MAJESTÉ deffend à tous Cavaliers, Dragons ou Soldats, de sortir soit du Quartier ou de la Garnison avec d'autres armes que leurs Epées, sous peine de châtiment militaire.

LIV.

LES Intendans remettront à toutes les Mareschaussées de leur Departement l'Estat des Troupes qui y passeront, des lieux où elles logeront, & ils y marqueront aussi les jours qu'elles y devront arriver, avec ordre aux Prevosts & aux Archers d'estre toujours sur la marche des Troupes, & de ne les point quitter tant qu'elles seront dans leur Departement, & aux Prevosts de leur rendre compte toutes les semaines des journées qu'ils auront faites, & de la conduite que les Troupes auront tenuë dans leur marche.

LV.

LESDITS Prevosts rendront pareillement compte toutes les semaines au Conseil de la Guerre, des journées qu'ils auront employées à la suite desdites Troupes & de la conduite qu'elles auront tenuë; Enjoignant Sa Majesté ausdits Prevosts de convenir avec les Commandans desdites Troupes des moyens d'empescher les desordres, Et ausdits Commandans de leur donner mainforte s'ils en sont requis.

LVI.

LVI.

Il sera payé des fonds de Sa Majesté trente livres pour chaque Cavalier, Dragon ou Soldat arresté à deux lieuës du grand chemin de la Troupe, soit par la Mareschaussée ou autres qu'il appartiendra; Entend neanmoins Sa Majesté que si les Officiers conduisans ladite Troupe manquoient de denoncer au Conseil de la Guerre le Cavalier, Dragon ou Soldat ainsi arresté, ladite somme de trente livres soit retenüe sur leurs Appointemens, se reservant en outre Sa Majesté de punir de cette negligence le Commandant & le Major.

LVII.

Lorsque des Soldats, Cavaliers ou Dragons, s'écarteront dans le Pays pour piller, ou se faire loger dans les Villages par force ou autrement, les Paysans desdits Villages seront tenus d'en aller avertir la Mareschaussée, à peine de dix escus d'amende payable par le Village qui y aura manqué, Et s'il arrivoit que lesdits Soldats, Cavaliers ou Dragons se missent en deffense contre le Prevost & ses Archers, & qu'ils en blessassent quelqu'un, Veut Sa Majesté qu'ils soient condamnez à estre pendus, en quelque nombre qu'ils soient arrestez.

LVIII.

Quand les Prevosts des Mareschaux auront arresté quelque Cavalier, Dragon ou Soldat ils le conduiront à sa Troupe, pour que justice en soit faite suivant les cas portez par le present Reglement, Et si la Troupe est éloignée de leur departement, & qu'ils ne puissent pas la joindre, ils le remettront dans les Prisons Royales les plus prochaines, en donneront avis à l'Intendant & luy envoyeront l'information qu'ils auront faite, dont ils adresseront le double au Conseil de la Guerre.

LIX.

Enjoint Sa Majesté à tous les Prevosts, leurs Lieutenans & Archers d'executer ponctuellement ce qui les regarde dans le present Reglement, sur peine aux contrevenans d'interdiction, & en cas de recidive de privation de leurs Charges.

LX.

IL sera tenu un Registre au Conseil de la Guerre, dans lequel il sera destiné des feüilles separées pour chaque Regiment, dont la conduite bonne ou mauvaise y sera detaillée, avec les noms du Colonel, Lieutenant-Colonel ou Capitaine qui l'auront commandé, & de ceux des plus anciens Capitaines du Regiment qui auront esté presens ou absens, afin que ledit Conseil dans les occasions où il s'agira de leur avancement, puisse rendre compte à Sa Majesté de la maniere dont ils auront servi.

LXI.

LORSQUE dans les Routes ou dans les Garnisons du Dedans du Royaume où il n'y aura pas de Commandant, il s'y trouvera differens Corps soit d'Infanterie, Cavalerie ou Dragons, le Caractere superieur commandera le tout, Et s'il est égal, dans les lieux ouverts celuy de Cavalerie & de Dragons commandera, & dans les lieux fermez celuy d'Infanterie, conformement aux anciens Reglemens; Et les Troupes en Route executeront ce qui leur sera ordonné par les Inspecteurs des Departemens dans lesquels elles passeront, & ce sous l'autorité des Gouverneurs Generaux ou Commandans des Provinces.

LXII.

VEUT & Entend Sa Majesté, que le present Reglement soit lû & publié à la teste des Troupes, de trois en trois mois, par les soins des Inspecteurs & des Commissaires des Guerres lors de leurs Reveües, Et que lorsqu'un Regiment aura ordre de partir d'une Garnison pour aller dans une autre, le Commandant soit tenu de le faire lire de nouveau, & d'en faire rëiterer la lecture sur la Route, lorsqu'elle aura plus de dix jours de marche, à peine d'interdiction au Commandant & au Major du Regiment s'ils y manquoient, sans cependant que le deffaut de cette seconde lecture puisse empescher que ledit Reglement ne ſoit executé ſelon ſa forme & teneur.

LXIII.

MANDE & Ordonne Sa Majeſté aux Gouverneurs & ſes Lieutenans Generaux en ſes Provinces & Armées, Gouverneurs de ſes Villes & Places, ou Commandans en icelles, Et autres ayant commandement ſur les Troupes, aux Intendans de Juſtice, Police & Finances dans ſes Provinces & Armées, aux Inſpecteurs Generaux & Commiſſaires des Guerres, Baillifs, Seneſchaux, Prevoſts, Juges ou leurs Lieutenans, Maires & Echevins des Villes, Et à tous autres ſes Officiers qu'il appartiendra, de tenir la main à l'Execution du preſent Reglement, chacun à ſon égard, & de le faire publier dés-à-preſent par tout où beſoin ſera, à ce qu'aucun n'en pretende cauſe d'ignorance; Veut pour cet effet Sa Majeſté que ledit Reglement ſoit gardé en entier dans toutes les Maiſons de Villes & lieux où les Troupes logent ſur leurs Routes, pour y avoir recours lorſqu'il y aura quelque difficulté entre les Habitans & les Troupes; Et pour ce qui regarde les Communautez où les Troupes ne logent point, il ſera tiré des Extraits de tous les Articles qui pourront les concerner, que les Intendans feront imprimer & leur envoyeront pour eſtre lûs à l'iſſuë des Meſſes Paroiſſiales. FAIT à Paris le huitiéme jour d'Avril mil ſept cens dix-huit. *Signé* LOUIS. *Et plus bas.* PHELYPEAUX.

www.ingramcontent.com/pod-product-compliance
Lightning Source LLC
LaVergne TN
LVHW010323230826
846091LV00009B/3753

* 9 7 8 2 3 2 9 3 3 9 1 4 6 *